Junior Su Doku Halloween

First published in the U.K. by Wizard Books Ltd. October 2006
First published in the U.S. by Newmarket Press October 2006

This book is published in the United States of America.

First Edition

ISBN-13: 978-1-55704-730-4
ISBN-10: 1-55704-730-8

10 9 8 7 6 5 4 3 2 1

Library of Congress Cataloging-in-Publication Data available upon request.

QUANTITY PURCHASES
Companies, professional groups, clubs, and other organizations may qualify for special terms when ordering quantities of this title. For information, write Special Sales Department, Newmarket Press, 18 East 48th Street, New York, NY 10017; call (212) 832-3575; fax (212) 832-3629;
or e-mail info@newmarketpress.com.

www.newmarketpress.com

Puzzle compilation, typesetting and design by Puzzle Press Ltd.,
http://www.puzzlepress.co.uk

Manufactured in the United States of America.

SU DOKU BOOKS PUBLISHED BY NEWMARKET PRESS

Junior Su Doku (1-55704-706-5)

Junior Su Doku Halloween (1-55704-730-8)

Junior Su Doku Christmas (1-55704-707-3)

Junior Su Doku Valentine's Day (1-55704-713-8)

Junior Su Doku Easter (1-55704-715-4)

Kidoku (1-55704-720-0)

Junior Su Doku Halloween

Fun Puzzles for Kids Ages 8 and Up

Newmarket Press • New York

HOW TO PLAY SU DOKU

Su Doku is a puzzle in a grid. They're great fun and you don't need to be good at math to solve them!

Every grid is made up of rows, columns and boxes of squares. Here is a large grid, showing you the rows, columns and boxes:

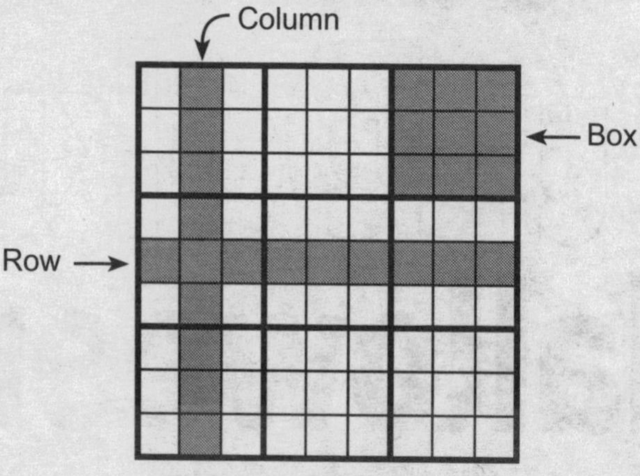

Every row, every column and every box needs to be filled with nine different numbers, and each number can only appear once in every row, column and box, like this:

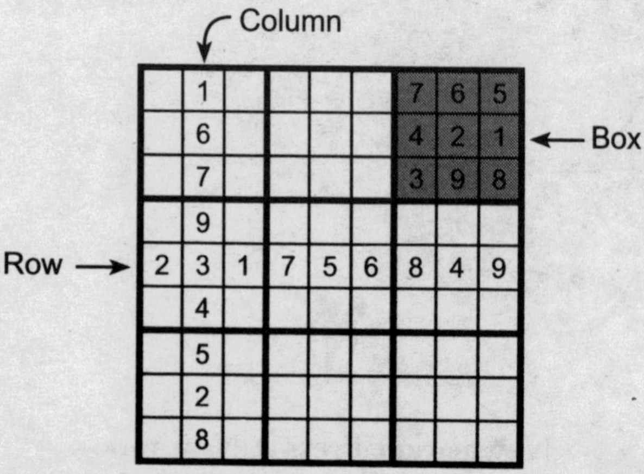

The grids aren't always that large – some are much smaller:

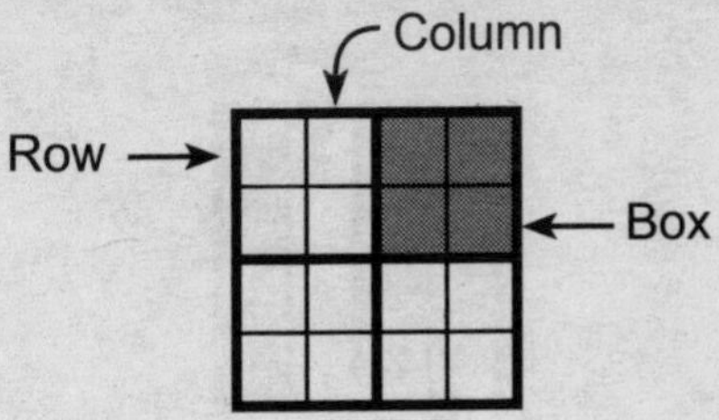

It's best to start with the smaller puzzles at the beginning of this book until you know how to play, then move up to the next level:

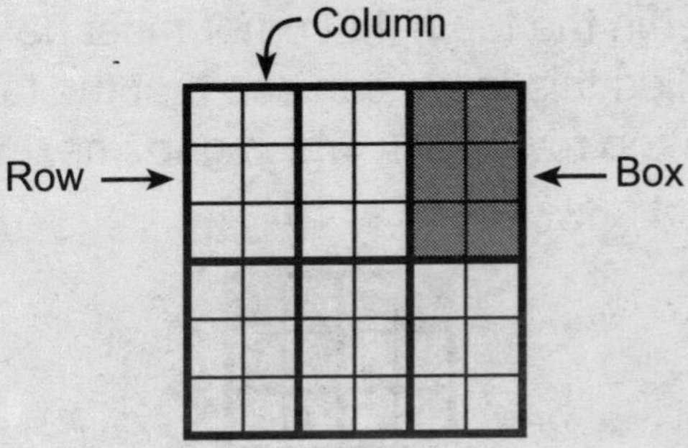

Before very long, you'll be ready to tackle the large ones!

When you first start a Su Doku puzzle, you will see a grid, with some numbers already filled in:

	2	3	
		4	
	3		1

You have to fill in the rest of the numbers.

If you look at the grid below, you could start by thinking about which number should go in the top right corner:

	2	3	
		4	
	3		1

There is another number in the right-hand column at the bottom, a 1. This means that the number can't be a 1 (otherwise there would be two 1s in that column). And there is already a 2 and a 3 in the top row, so the number in the top right corner must be a 4. Once we have filled this in we can see that the last number to fit in the top row is a 1, which goes next to the 2, like this:

1	2	3	4
		4	
	3		1

Now look at the box in the top right. Can you tell where the 1 should go? It can't go below the 4, because of the 1 already in that column, so it can only go beneath the 3. The number in the remaining space must be a 2, to give you the numbers 1, 2, 3 and 4 in that box.

1	2	3	4
		1	2
		4	
	3		1

The remaining number in the far right column is a 3 and that goes in the remaining square:

1	2	3	4
		1	2
		4	3
	3		1

You could now go on to fill in the remaining number in the third column, a 2. The obvious next step is to fill in the last number in the bottom row – a 4. After that, look at the third row and decide where you think the 2 should be. It can't be in the second column, because there is already a 2 in the second column, so it must be in the first column.

When you've done that, the grid should look like this:

1	2	3	4
		1	2
2		4	3
4	3	2	1

You can see the remaining square in the bottom left box must be a 1:

1	2	3	4
		1	2
2	1	4	3
4	3	2	1

From here, it's easy to fill in the two remaining numbers, a 3 and a 4, in the top left box; and the finished puzzle looks like this:

1	2	3	4
3	4	1	2
2	1	4	3
4	3	2	1

Not all puzzles contain numbers. Some have letters or shapes, like these two examples, where you can see the puzzles and their solutions side by side:

Letters: T, O, A and D

	T	O	
		D	
	D		A

A	T	O	D
D	O	A	T
T	A	D	O
O	D	T	A

Shapes: 

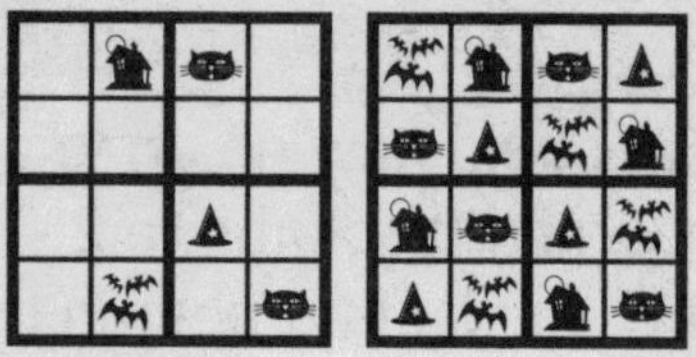

The puzzles which contain letters or shapes can all be played in just the same way as the ones which contain numbers.

WHICH NUMBERS TO USE

In a number puzzle, 1, 2, 3 and 4 are used in grids of this size:

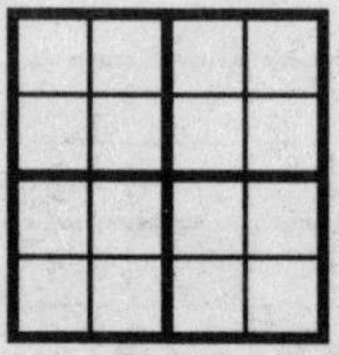

1, 2, 3, 4, 5 and 6 are used in grids of this size:

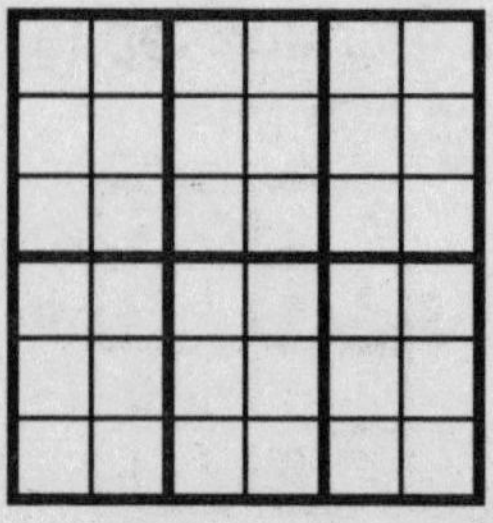

and 1, 2, 3, 4, 5, 6, 7, 8 and 9 are used in grids of this size:

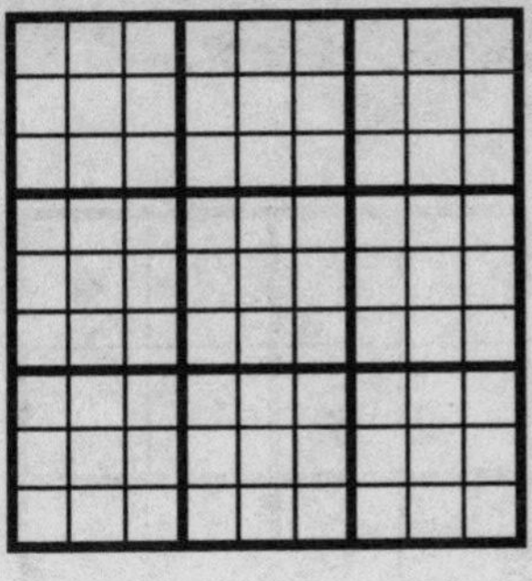

Where puzzles contain letters or shapes, these will always be listed beneath the grid.

Solutions to all of the puzzles can be found at the back of the book.

Puzzle No. 1

		2	4
	2		
	3		
			1

Puzzle No. 2

W			
	D	A	
A		N	

WAND

Puzzle No. 3

		2	
			1
4			
	3	1	

Puzzle No. 4

1			
	4		
2		3	
			1

Puzzle No. 5

4			1
	2		
	1		4

Puzzle No. 6

	T		
			A
		S	
B			

BATS

Puzzle No. 7

Puzzle No. 8

		1	
	4		
2			
			3

Puzzle No. 9

			4
		1	
	2		3
4			

Puzzle No. 10

	3	2	
	4	3	
			2

Puzzle No. 11

T			C
	S	A	
		C	

CATS

Puzzle No. 12

	3		
			1
4		1	
			4

Puzzle No. 13

2		3	
		1	
3			2

Puzzle No. 14

Puzzle No. 15

	S		M
		A	
	A		
K			

MASK

Puzzle No. 16

4			
	1		
		2	
1			3

Puzzle No. 17

	2		4
	3	1	

Puzzle No. 18

W			
	E		
	W	B	
			S

W E B S

Puzzle No. 19

Puzzle No. 20

			3
	3	1	
	2		
			1

Puzzle No. 21

		5			2
2				4	
		3			6
	1	6			
	5				3
				5	

Puzzle No. 22

			Z		
A				D	
	W		R		A
D			I		Z
Z				I	

WIZARD

Puzzle No. 23

4					3
		3			
5				6	
			6		4
	1				
			2		6

Puzzle No. 24

4					
			4		1
	6	2			
3		5			6
				2	
1				3	

Puzzle No. 25

				4	6
5		2			
	4		3		
2					
	3	5			2
					1

Puzzle No. 26

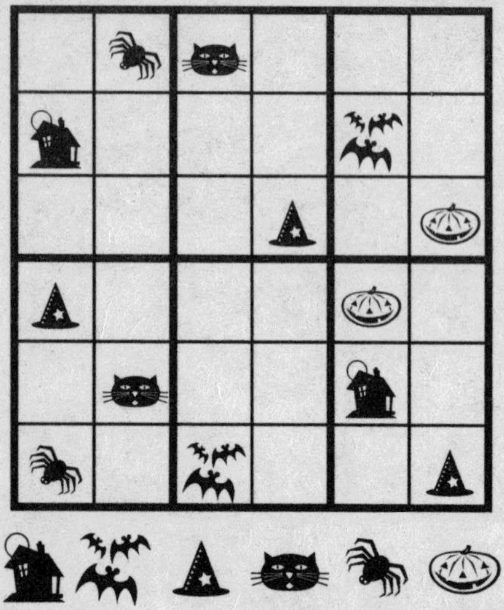

Puzzle No. 27

	4		1		
6			3		
				1	4
	5			2	
		2			3
	2		4		

Puzzle No. 28

	P		D	I	
R					P
I		D			E
	S	R			
			E		I

SPIDER

Puzzle No. 29

		1			6
4				3	
			5		
		3			4
1					3
2		6			

Puzzle No. 30

E			S		C
		A			E
		C			
	S		R		A
	A	D			
D					

SCARED

Puzzle No. 31

6				5	
	4		3		
			2		1
3					
		1			
2			6	1	

Puzzle No. 32

Puzzle No. 33

	1			5	
		2	3		
6					4
		1	4		
					2
3				1	

Puzzle No. 34

				5	6
4					
	2	1			
1					4
			3	2	
	6				

Puzzle No. 35

		2			5
	4	5			
3					1
			4		
	6				3

Puzzle No. 36

N		U			
				U	
S		H			T
	H				S
U			T		
		A		N	

HAUNTS

Puzzle No. 37

			2		
	3				6
6			5		
				5	
		1			3
4				1	

Puzzle No. 38

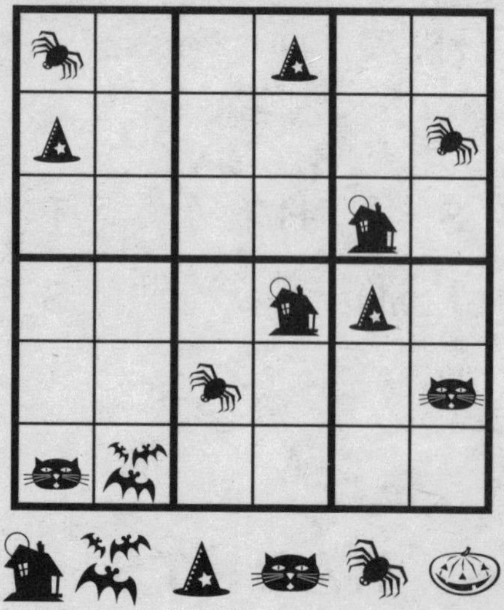

Puzzle No. 39

3					2
	5	1			
			6		
					1
		4		3	
6	2				

Puzzle No. 40

K	R			P	
		S		K	
	N				
A			P		
		A		S	R

PRANKS

Puzzle No. 41

2					3
6		2		1	
			5		
			6		
	1			6	
			4	5	

Puzzle No. 42

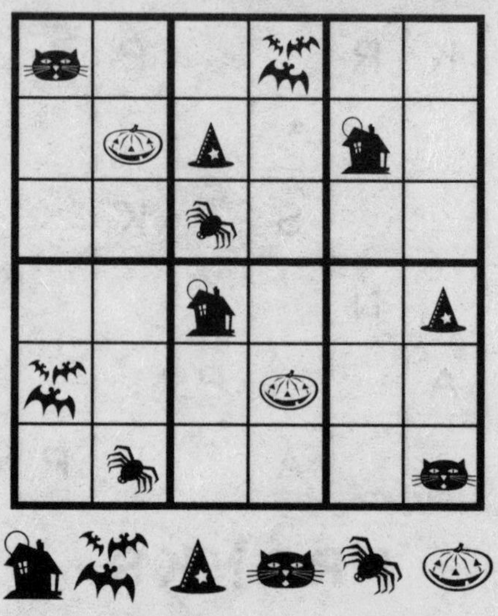

Puzzle No. 43

			4	3	
1	2				
					6
	3				
5		2		4	
					1

Puzzle No. 44

	2				4
	6			5	
		3	1		
		2	4		
					6
5					3

Puzzle No. 45

4				3	
	1	6			5
			4		
		5		2	
			3		1
	6				

Puzzle No. 46

S	V				G
			S		
		A		V	
	G		E		
		G		R	
A					E

GRAVES

Puzzle No. 47

3					5
	6	5		1	
			2		
		4			
	5		6		2
4				6	

Puzzle No. 48

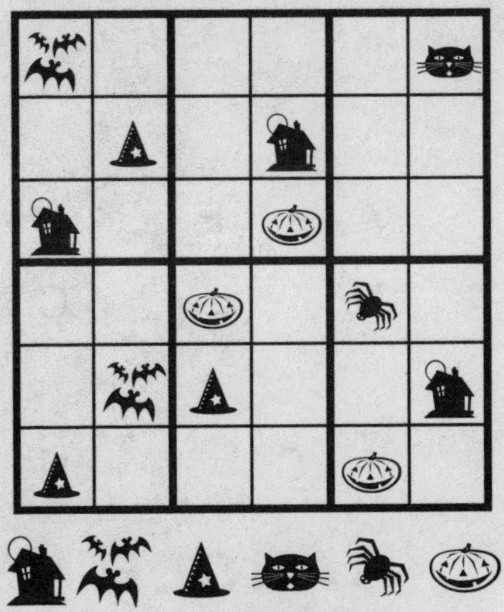

Puzzle No. 49

5					3
		1	4		
2				6	
1					
		5	6	1	
	6				5

Puzzle No. 50

C	D			L	
	A		E		
	N				C
E			A		
		C			N

CANDLE

Puzzle No. 51

	3			6	2
2					3
	6				
			6		
5					6
	1	3		4	

Puzzle No. 52

		6		4	
	1				2
5			4		
	2	5			
3				5	
					3

Puzzle No. 53

	2				5
		1			
3	4				
			5	4	
		6			2
			3		

Puzzle No. 54

				G	
H			G		
	L	O			S
				U	
L			H		
	S				H

GHOULS

Puzzle No. 55

5					1
		4	1		
	3				2
4				5	
			6		
	1				3

Puzzle No. 56

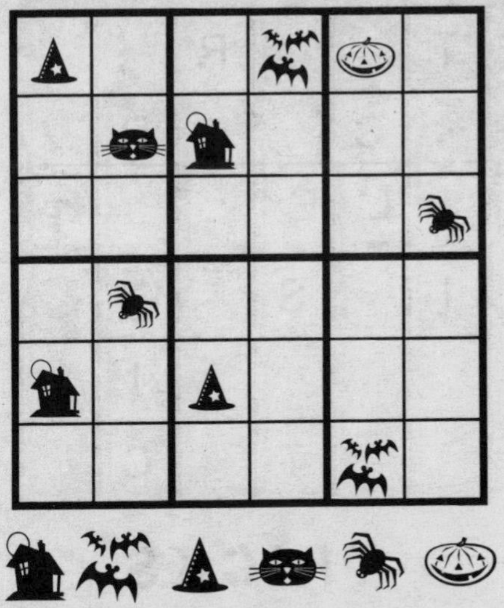

Puzzle No. 57

		5			1
	3		6		
			2	4	
5				6	
		6			2
2			1		

Puzzle No. 58

T			R		
	C			R	
					T
I		S			
				I	
		T		C	

TRICKS

Puzzle No. 59

	6		2		
		3			
4					6
5				2	
			5		3
	3			1	

Puzzle No. 60

	1		6	4	
	2				3
6		5			
	4			1	
			2		

Puzzle No. 61

	5		3		
		6			
	3				2
1				5	
		2			3
		4			

Puzzle No. 62

	I		E		
O			M		
				E	B
	M			I	
		I			Z

ZOMBIE

Puzzle No. 63

2		6			
	1		3		6
5				2	
	4	5			
			1		
6				1	

Puzzle No. 64

Puzzle No. 65

4			6		2
6		3		1	
			5	6	
		4			3
5	1				

Puzzle No. 66

	4		1		
		4			6
					3
			5		
3				2	1
	2				

Puzzle No. 67

	6		5		
	5		1		6
					4
		1			
6				2	
3			4		

Puzzle No. 68

B		N			
	N			O	B
			G		
				L	
	I				
O		I		G	

GOBLIN

Puzzle No. 69

7	6			2	1		3	
		8	9				7	4
			4			6		
9	1				7		4	2
		5		1		3		
3	4		6				1	8
		7			2			
6	9				5	2		
	2		8	3			5	7

Puzzle No. 70

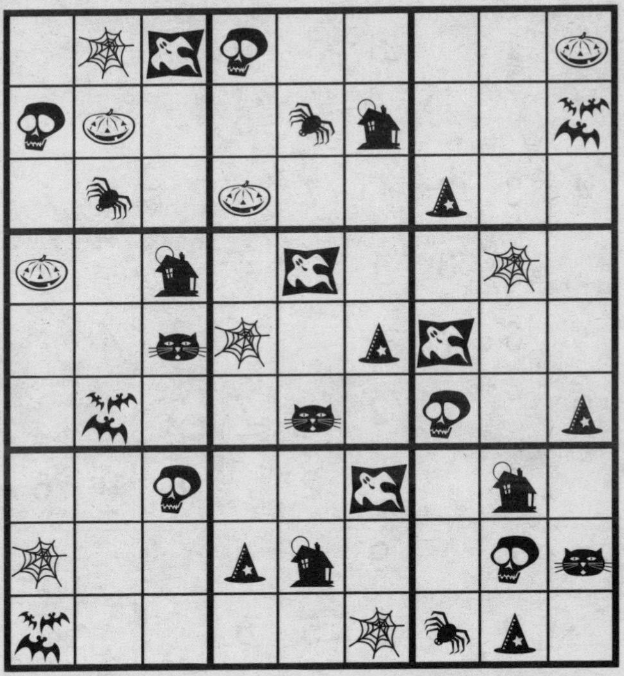

Puzzle No. 71

			8	1	9		3	
			4		5		2	
4	3	8		7			5	
		3	1		4			2
	6	7				1	4	
9			2		7	3		
	5			2		8	9	6
	7		9		6			
	9		3	5	8			

Puzzle No. 72

	8	6	3				4	
	9				7	5		2
		4		1	6			7
8	4	1	5	9				
		2				3		
				7	8	4	9	1
3			6	5		2		
5		9	8				7	
	6				2	9	1	

Puzzle No. 73

	1				6	8		5
					5		9	
8		9	2	4		7		
7		5			9	2		1
	3			2			7	
6		2	8			5		4
		4		7	1	3		8
	8		4					
9		6	3				4	

Puzzle No. 74

	2			3	6	7		
4					7	1	5	
9	6		8					2
2	3	9	5	4				
	1						8	
				7	9	3	2	4
6					1		4	3
	4	5	9					7
		8	6	5			1	

Puzzle No. 75

7			9		2			6
		4		1		7		
	6	2		8		5	1	
	1	9	6		3	8	2	
2			1		4			3
	3	7	2		8	1	4	
	2	6		4		3	5	
		3		2		9		
5			3		9			1

CAULDRONS

Puzzle No. 76

		1	7			4		
7	4	9				2	8	1
	5		8	4			3	
		2	5				7	
9			1		3			2
	6				4	8		
	7			6	9		2	
1	2	3				6	9	8
		5			8	3		

Puzzle No. 77

	6	4		8				5
	7	1					2	3
8		9	1	3				
	4		8			3		
7	8		2		6		4	9
		5			7		1	
				2	1	6		7
2	3					9	5	
9				6		4	8	

Puzzle No. 78

		3	1		7		6	
				5	8	9	4	
	5	1			4	3		
5			4	9				8
9		4				1		7
2				8	1			9
		8	6			5	1	
	6	9	2	4				
	4		8		3	2		

Puzzle No. 79

8	1		4				2	6
6				1				9
5		2			6	7		1
	8	6		2	7			
	5						7	
			3	9		4	6	
2		3	1			9		8
9				8				4
1	4				5		3	7

Puzzle No. 80

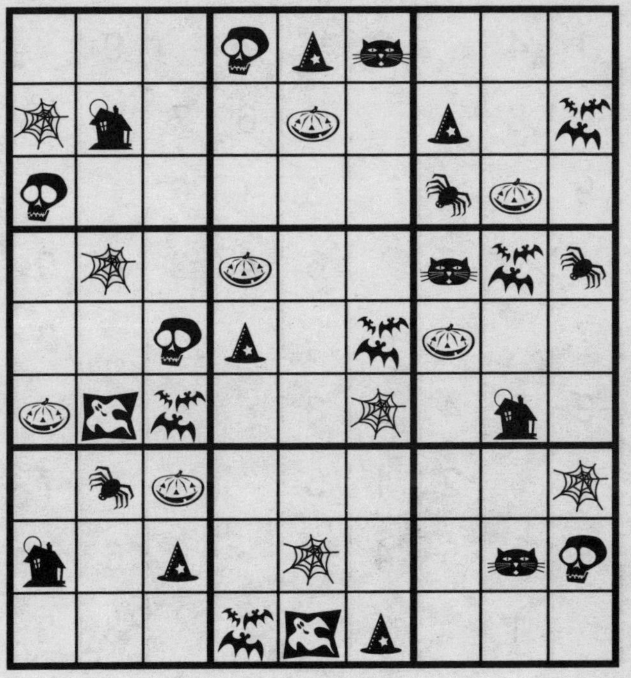

Puzzle No. 81

1	4		2				9	
	8				6	7		5
9				3	1	6		
				6	4	3	8	9
7								2
3	9	4	5	8				
		2	1	5				7
8		5	4				6	
	1				7		3	8

Puzzle No. 82

1		3	2					9
		9		4	3		6	
7					6	5	8	
				6	1	9	4	7
		8				2		
9	1	4	5	7				
	5	7	1					6
	2		3	5		8		
3					8	7		4

Puzzle No. 83

	5	6	2		3		1	
7				4		8		
		1	9		6		7	
	8		1			6		2
	9			3			5	
5		4			7		3	
	7		8		5	2		
		5		9				1
	4		3		2	7	9	

Puzzle No. 84

		T		K			I	H
			R	O		C		K
	F	O					P	T
	H				I			F
	I	C	K		O	T	H	
P			C				R	
R	C					F	O	
T		I		F	R			
H	K			I		P		

PITCHFORK

Puzzle No. 85

			4	2	3			
	6					9		1
	8	5		6			7	3
		7			6	2	1	4
1			3		4			8
5	9	4	1			6		
3	4			1		7	6	
9		1					8	
			8	3	5			

Puzzle No. 86

4		2		8	9	3		
8			4				7	
1	5		2			4		
3				6		7	2	
	6		1		7		5	
	9	4		5				1
		3			1		8	7
	2				5			9
		1	7	9		6		2

Puzzle No. 87

			5			9	3	4
		6		7	2		1	
3	5				4			6
8				3		4	6	
2			7		1			9
	3	1		8				2
7			8				4	5
	9		6	1		8		
6	8	2			3			

Puzzle No. 88

			7	2			9	8
1	2		9					5
5			6		1		3	
		4	1	7		8		
9		8				6		1
		2		8	9	7		
	9		5		7			4
7					3		1	2
8	3			9	4			

Puzzle No. 89

3		4	6					
		7	9	8			5	4
	9		5			3	6	
2		3	1				4	
6			3		5			7
	8				7	1		2
	1	5			9		2	
9	2			4	6	5		
					1	7		8

Puzzle No. 90

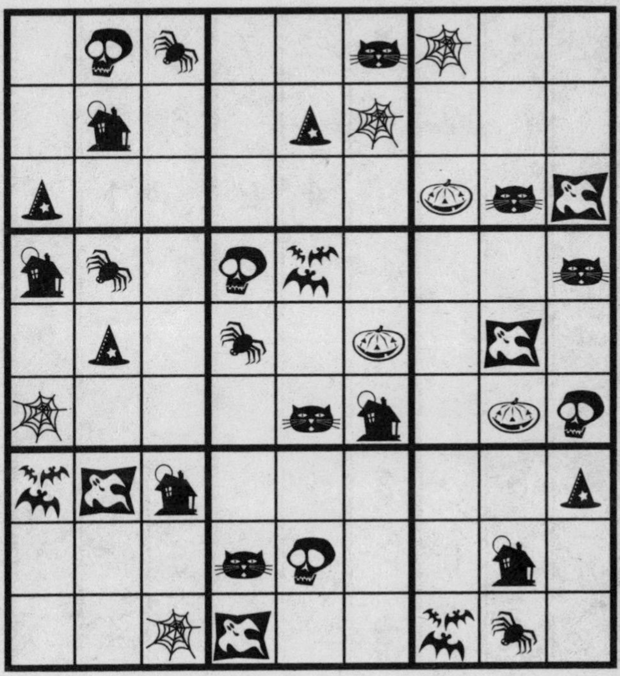

Puzzle No. 91

	4		6		7		5	
		2				6	7	
7		9		4	2		1	
				2	9	1		8
4			8		5			9
6		8	7	3				
	8		3	1		2		7
	3	6				5		
	1		9		8		4	

Puzzle No. 92

3					6	7		2
				8	3	4		
9	1	6					8	
	7	9		6	4		3	
		1	2		9	8		
	6		7	5		2	4	
	8					1	5	4
		4	6	7				
5		2	1					3

Puzzle No. 93

			2	7	4			
6	7			9		5		1
	8	9						2
		5			1	3	6	9
	9		7		6		2	
8	4	6	9			1		
1						8	9	
2		4		1			7	5
			6	3	7			

Puzzle No. 94

4	1			3		2		
					1	6	3	8
	9		5	8			4	7
			2	6		5		
7		1				9		6
		5		9	7			
6	2			7	8		1	
8	5	3	4					
		7		2			9	3

Puzzle No. 95

		F		T	I			S
			G			H	E	N
G	N				E		F	
N		S		R			I	
	I		T		S		H	
	R			N		E		F
	T		R				G	E
R	F	I			N			
H			F	S		R		

FRIGHTENS

Puzzle No. 96

4			8	9		5	7	
9			1		4			3
8	6						2	
				7	1	4	9	
		3	4		2	1		
	4	6	5	8				
	7						6	5
3			6		5			2
	1	5		3	7			9

Puzzle No. 97

			6	9	2			
8	7			4		9		1
6						3	4	
4	5	1			8		7	
		6	9		1	4		
	8		4			2	1	3
	3	4						8
7		9		8			2	6
			1	5	9			

Puzzle No. 98

		8			5	6		2
4				3	8	5	1	
1	2				6			
		3	4				9	7
	6		5		2		4	
2	9				7	1		
			7				3	4
	8	9	6	1				5
5		7	8			9		

Puzzle No. 99

	6			3			2	
5		4	2		9	1		3
2			8		7			5
	7		9	8	3		1	
9		2				7		8
	1		7	2	6		3	
6			3		2			7
7		8	4		1	3		6
	4			7			5	

Puzzle No. 100

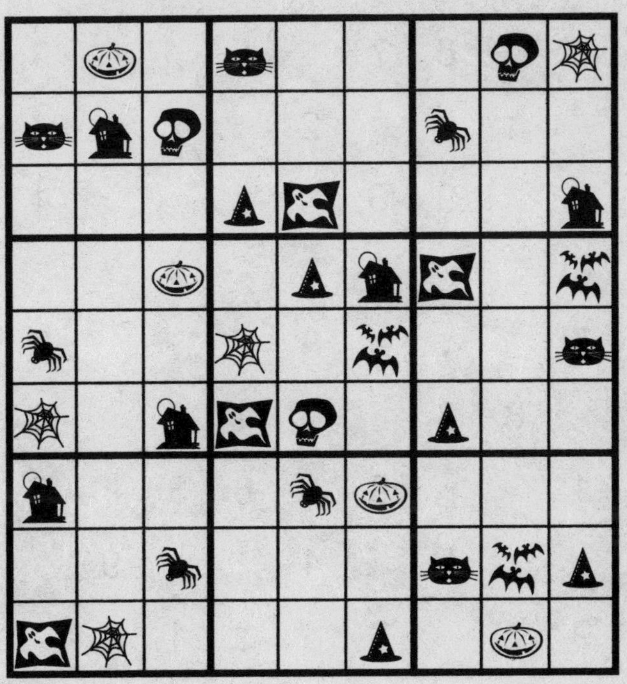

Puzzle No. 101

		6	7		5			9
	1			2		7		
2		9	6		8			4
8			9			4	7	
7				8				2
	6	3			1			5
1			8		6	3		7
		5		4			9	
9			3		2	1		

Puzzle No. 102

			6			9	7	3
5		8			3	1		
	3			4	9			2
9	5			6		3		
		2	4		1	7		
		7		3			4	6
4			7	1			9	
		9	5			6		8
6	2	5			8			

Puzzle No. 103

8		5		3	2			1
	1		8			7		6
			1				5	
9		2			7	3		4
	3			9			8	
4		1	5			6		9
	7				4			
5		4			6		2	
3			9	1		5		7

Puzzle No. 104

7			1	2		9		3
8		4			3		7	
	9				7			
6		2	4			1		5
	3			5			2	
5		8			9	7		6
			6				4	
	1		8			6		9
4		9		7	5			2

Puzzle No. 105

	5	8			7	3		
3				9	1		6	
			5			7	8	4
6	8			2		1		
		1	9		6	4		
		2		8			3	7
1	2	3			8			
	4		3	6				2
		9	2			5	7	

Puzzle No. 106

		O	B			N		
A	B	C				O	L	Y
Y			A	C				W
		B	D					C
	Y		O		L		A	
W					N	Y		
O				D	B			N
B	L	Y				A	W	D
		D			W	L		

CANDY BOWL

Puzzle No. 107

3					2			5
5	4	1				9	2	6
		8		6	9	1		
1			3			8		
	9		4		5		1	
		6			7			2
		3	2	7		5		
9	8	7				2	4	1
4			8					7

Puzzle No. 108

7	6				3			5
5		3		1	8		6	
					7	2	9	
	4	5	7					1
		8	4		6	9		
2					9	5	7	
	1	4	8					
	9		3	2		1		6
3			6				4	8

Puzzle No. 109

2			5		1	7		4
		3		4			8	
7			6		3	1		
6			8			9	1	
4				5				3
	3	2			7			5
		8	4		9			7
	7			2		6		
3		9	1		5			8

Puzzle No. 110

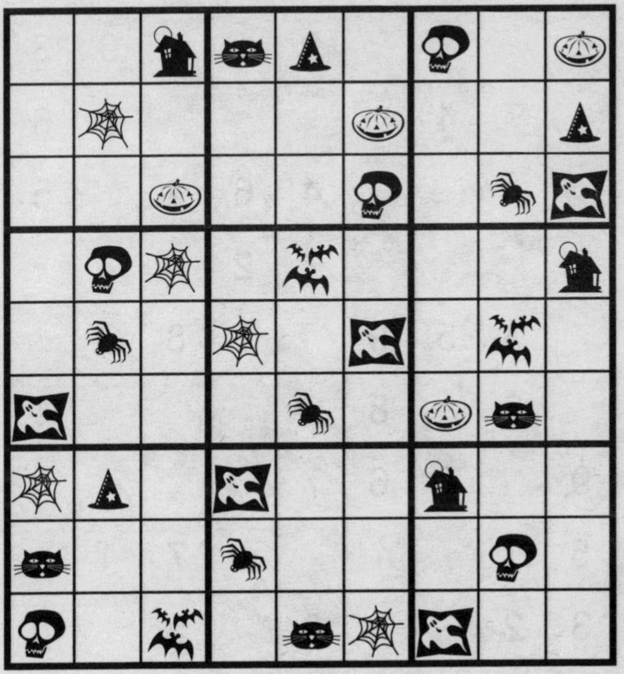

Puzzle No. 111

		1		2			9	3
	7	4					8	6
				4	6	2		5
4					2		3	
	3	5	9		7	8	2	
	6		8					1
9		8	6	7				
5	1					7	4	
3	2			9		5		

Puzzle No. 112

			7			9	3	1
5	9			6		2		
8				2	3		4	6
		1	6	4				
	4	5				8	2	
				5	2	1		
7	2		1	3				5
		6		9			7	8
9	3	4			8			

Puzzle No. 113

6	9			8			7	3
			4			6		
	2	1		3	7		9	
7	3	5			6			1
4								8
1			5			3	2	6
	5		1	6		4	8	
		7			2			
9	1			4			3	5

Puzzle No. 114

		9	3		5		7	
	1	5	6			9		
			4	1		8	6	
1				8	6			4
8		6				5		3
2			5	4				8
	7	8		6	2			
		4			7	1	5	
	6		9		4	2		

Puzzle No. 115

	R	A			S	Y	C	
	Y			C			E	
E	S		T				I	A
				Y	A	E		M
T								I
C		M	I	R				
S	C				E		M	R
	M			S			Y	
	T	R	M			I	S	

SCARY TIME

Puzzle No. 116

1		2		9	3		4	
	9		5		2		8	
3							2	5
				3	1	7		4
		9	7		8	1		
7		5	2	6				
5	6							8
	4		1		7		9	
	7		6	4		2		3

Puzzle No. 117

	3				7	6		2
		8			9			5
	7		2	5			4	8
3				4		8	2	
		4	7		2	9		
	1	5		9				7
1	8			6	5		3	
6			1			2		
7		9	8				1	

Puzzle No. 118

		1	4				5	9
2			6	8			4	
6		3			7	2		
			3	4		1	8	2
5								7
8	3	2		1	9			
		6	5			8		1
	7			9	6			5
1	9				3	4		

Puzzle No. 119

4			3			8		7
	8	5	7					
		2	4	9			5	3
9					2	6	1	
	7		8		3		2	
	1	8	6					5
1	4			5	7	3		
					6	2	9	
6		3			4			1

Puzzle No. 120

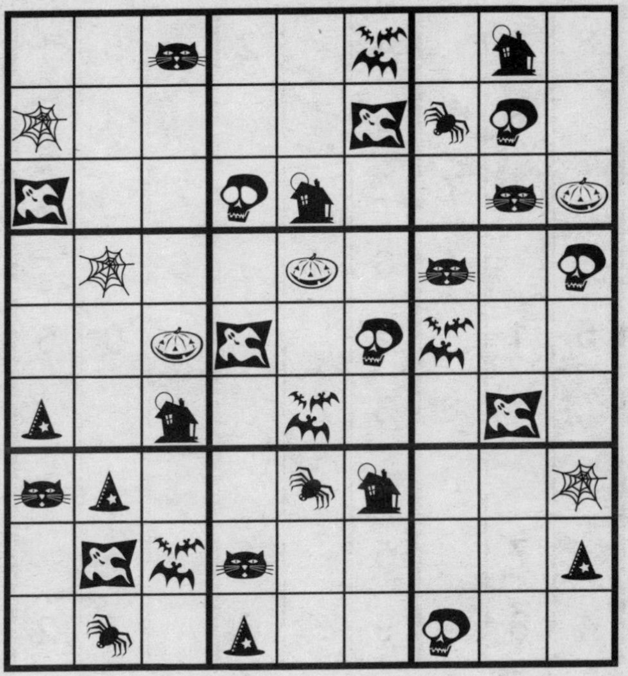

Puzzle No. 121

8	3		4		2		5	1
	5		6		8		3	
		7		5		2		
		4	8	1	9	5		
5	1						9	6
		8	3	6	5	4		
		6		8		3		
	7		5		1		6	
4	8		9		6		7	2

Puzzle No. 122

	8		3		9		1	
	1	9	5		6	7	8	
4				8				6
5			9	7	2			8
	7	8				3	2	
9			1	3	8			5
3				9				1
	9	5	2		3	6	4	
	4		8		7		3	

Puzzle No. 123

	4						3	1
9			2		8			6
	7	5	1	6				8
			5	1		3	8	
		2	8		4	9		
	6	8		7	2			
6				9	7	5	2	
4			3		5			9
5	3						7	

Puzzle No. 124

		2		3			6	1
3	9	5			1			
6	8		7	9				4
		7	2	5				
	5	4				1	8	
				4	8	7		
1				8	9		5	2
			6			3	9	7
4	3			2		8		

Puzzle No. 125

				6	2			3
4	7	1				6		
	2				4		9	5
		4	5	8		3		9
1			9		7			6
7		5		4	3	2		
9	8		1				2	
		6				8	3	1
3			4	5				

Puzzle No. 126

4	5			2	1			
2			3		9		1	
	9				4		8	6
		8		5	2	9		
	2	5				7	6	
		1	6	9		5		
8	6		2				3	
	3		7		6			4
			9	8			5	2

Puzzle No. 127

C			G	R		I		
					A	C	G	E
	W	B	C				M	
B		G		A			C	
	I		M		R		E	
	E			C		A		R
	G				B	W	A	
I	B	A	W					
		R		M	E			G

MAGIC BREW

Puzzle No. 128

			9	6			3	
6	7	5		1			9	
					5		4	
5		9	8		2	3		4
	2	7				8	6	
1		3	4		6	5		7
	1		2					
	5			4		9	7	2
	3			8	9			

Puzzle No. 129

	3				7			
1		5		4		8		9
		9	5	2		6	4	
5			9			7	8	2
4								6
3	9	8			2			5
	5	7		8	3	1		
2		1		6		3		8
			4				2	

Puzzle No. 130

Puzzle No. 131

1			2		6			7
	5			3			1	
7		9	4		1	8		3
	2		3	6	4		8	
4		1				2		6
	8		5	1	2		3	
2		6	8		9	3		5
	9			2			7	
5			1		3			2

Puzzle No. 132

	5				9			
7		2		3		1		5
		1	2	7		8	6	
5	7	8			4			6
3								9
6			5			7	4	2
	9	3		5	6	4		
4		7		9		6		1
			8				2	

Puzzle No. 133

7		2			9	6		1
8			1	4	3			7
		1			6		3	
	4		6			1		
5		9				8		4
		3			8		2	
	8		9			4		
9			8	5	1			6
3		7	2			5		9

Puzzle No. 134

	2	4		1				6
		7		6	3	1	5	
			9			8	3	2
				4	6			8
4	5						6	7
8			1	5				
5	3	2			7			
	6	9	8	3		4		
1				2		7	9	

Solutions

No. 1

3	1	2	4
4	2	1	3
1	3	4	2
2	4	3	1

No. 2

W	A	D	N
N	D	A	W
A	W	N	D
D	N	W	A

No. 3

1	4	2	3
3	2	4	1
4	1	3	2
2	3	1	4

No. 4

1	2	4	3
3	4	1	2
2	1	3	4
4	3	2	1

No. 5

4	3	2	1
1	2	4	3
3	4	1	2
2	1	3	4

No. 6

A	T	B	S
S	B	T	A
T	A	S	B
B	S	A	T

No. 7

No. 8

3	2	1	4
1	4	3	2
2	3	4	1
4	1	2	3

No. 9

2	1	3	4
3	4	1	2
1	2	4	3
4	3	2	1

No. 10

4	2	1	3
1	3	2	4
2	4	3	1
3	1	4	2

No. 11

S	C	T	A
T	A	S	C
C	S	A	T
A	T	C	S

No. 12

1	3	4	2
2	4	3	1
4	2	1	3
3	1	2	4

No. 13

2	4	3	1
1	3	2	4
4	2	1	3
3	1	4	2

No. 14

No. 15

A	S	K	M
M	K	A	S
S	A	M	K
K	M	S	A

No. 16

4	3	1	2
2	1	3	4
3	4	2	1
1	2	4	3

No. 17

3	4	2	1
1	2	3	4
4	3	1	2
2	1	4	3

No. 18

W	S	E	B
B	E	S	W
S	W	B	E
E	B	W	S

No. 19

No. 20

2	1	4	3
4	3	1	2
1	2	3	4
3	4	2	1

Solutions

No. 21

1	6	5	4	3	2
2	3	1	6	4	5
5	4	3	2	1	6
3	1	6	5	2	4
4	5	2	1	6	3
6	2	4	3	5	1

No. 22

R	D	A	Z	W	I
A	Z	I	W	D	R
I	W	D	R	Z	A
W	I	Z	A	R	D
D	R	W	I	A	Z
Z	A	R	D	I	W

No. 23

4	2	6	1	5	3
1	6	3	5	4	2
5	3	2	4	6	1
2	5	1	6	3	4
6	1	4	3	2	5
3	4	5	2	1	6

No. 24

4	1	3	5	6	2
2	3	6	4	5	1
5	6	2	1	4	3
3	4	5	2	1	6
6	5	1	3	2	4
1	2	4	6	3	5

No. 25

3	2	1	5	4	6
5	6	2	4	1	3
1	4	6	3	2	5
2	1	3	6	5	4
4	3	5	1	6	2
6	5	4	2	3	1

No. 26

No. 27

2	4	5	1	3	6
6	1	4	3	5	2
5	3	6	2	1	4
4	5	3	6	2	1
1	6	2	5	4	3
3	2	1	4	6	5

No. 28

D	I	P	R	E	S
S	P	E	D	I	R
R	E	I	S	D	P
I	R	D	P	S	E
E	S	R	I	P	D
P	D	S	E	R	I

No. 29

5	2	1	3	4	6
4	1	2	6	3	5
3	6	4	5	1	2
6	5	3	1	2	4
1	4	5	2	6	3
2	3	6	4	5	1

No. 30

E	D	R	S	A	C
S	C	A	D	R	E
A	R	C	E	S	D
C	S	E	R	D	A
R	A	D	C	E	S
D	E	S	A	C	R

No. 31

6	2	4	1	5	3
1	4	5	3	2	6
5	3	6	2	4	1
3	1	2	4	6	5
4	6	1	5	3	2
2	5	3	6	1	4

No. 32

Solutions

No. 33

2	1	4	6	5	3
4	5	2	3	6	1
6	3	5	1	2	4
5	2	1	4	3	6
1	6	3	5	4	2
3	4	6	2	1	5

No. 34

3	1	2	4	5	6
4	5	3	6	1	2
6	2	1	5	4	3
1	3	5	2	6	4
5	4	6	3	2	1
2	6	4	1	3	5

No. 35

6	1	2	3	4	5
2	4	5	1	3	6
3	5	4	6	2	1
1	2	3	5	6	4
5	3	6	4	1	2
4	6	1	2	5	3

No. 36

N	T	U	A	S	H
H	A	T	S	U	N
S	U	H	N	A	T
A	H	N	U	T	S
U	N	S	T	H	A
T	S	A	H	N	U

No. 37

1	4	6	2	3	5
5	3	4	1	2	6
6	2	3	5	4	1
3	1	2	6	5	4
2	5	1	4	6	3
4	6	5	3	1	2

No. 38

No. 39

3	6	5	4	1	2
2	5	1	3	6	4
1	4	2	6	5	3
4	3	6	5	2	1
5	1	4	2	3	6
6	2	3	1	4	5

No. 40

K	R	N	A	P	S
S	A	P	K	R	N
N	P	S	R	K	A
R	N	K	S	A	P
A	S	R	P	N	K
P	K	A	N	S	R

No. 41

2	5	6	1	4	3
6	4	2	3	1	5
1	3	4	5	2	6
4	2	5	6	3	1
5	1	3	2	6	4
3	6	1	4	5	2

No. 42

No. 43

6	5	1	4	3	2
1	2	6	3	5	4
3	4	5	2	1	6
2	3	4	1	6	5
5	1	2	6	4	3
4	6	3	5	2	1

No. 44

1	2	6	5	3	4
3	6	4	2	5	1
4	5	3	1	6	2
6	3	2	4	1	5
2	1	5	3	4	6
5	4	1	6	2	3

Solutions

No. 45

4	2	1	5	3	6
3	1	6	2	4	5
6	5	3	4	1	2
1	3	5	6	2	4
5	4	2	3	6	1
2	6	4	1	5	3

No. 46

S	V	E	R	A	G
G	A	V	S	E	R
R	E	A	G	V	S
V	G	R	E	S	A
E	S	G	A	R	V
A	R	S	V	G	E

No. 47

3	1	6	4	2	5
2	6	5	3	1	4
5	4	1	2	3	6
6	2	4	1	5	3
1	5	3	6	4	2
4	3	2	5	6	1

No. 48

No. 49

5	1	6	2	4	3
6	3	1	4	5	2
2	4	3	5	6	1
1	5	4	3	2	6
3	2	5	6	1	4
4	6	2	1	3	5

No. 50

C	D	A	N	L	E
L	E	D	C	N	A
N	A	L	E	C	D
D	N	E	L	A	C
E	C	N	A	D	L
A	L	C	D	E	N

No. 51

4	3	1	5	6	2
2	5	6	4	1	3
1	6	2	3	5	4
3	4	5	6	2	1
5	2	4	1	3	6
6	1	3	2	4	5

No. 52

2	3	6	1	4	5
4	1	3	5	6	2
5	6	2	4	3	1
6	2	5	3	1	4
3	4	1	2	5	6
1	5	4	6	2	3

No. 53

1	2	3	4	6	5
5	6	1	2	3	4
3	4	5	6	2	1
6	1	2	5	4	3
4	3	6	1	5	2
2	5	4	3	1	6

No. 54

S	O	H	L	G	U
H	U	S	G	O	L
G	L	O	U	H	S
O	H	L	S	U	G
L	G	U	H	S	O
U	S	G	O	L	H

No. 55

5	4	3	2	6	1
2	6	4	1	3	5
1	3	6	5	4	2
4	2	1	3	5	6
3	5	2	6	1	4
6	1	5	4	2	3

No. 56

Solutions

No. 57

6	2	5	4	3	1
4	3	1	6	2	5
1	5	3	2	4	6
5	1	2	3	6	4
3	4	6	5	1	2
2	6	4	1	5	3

No. 58

T	K	I	R	S	C
S	C	K	T	R	I
R	I	C	S	K	T
I	R	S	C	T	K
C	T	R	K	I	S
K	S	T	I	C	R

No. 59

3	6	4	2	5	1
1	5	3	6	4	2
4	2	5	1	3	6
5	1	6	3	2	4
2	4	1	5	6	3
6	3	2	4	1	5

No. 60

5	1	3	6	4	2
3	6	2	4	5	1
4	2	1	5	6	3
6	3	5	1	2	4
2	4	6	3	1	5
1	5	4	2	3	6

No. 61

2	5	1	3	4	6
4	1	6	2	3	5
6	3	5	4	1	2
1	2	3	6	5	4
5	4	2	1	6	3
3	6	4	5	2	1

No. 62

B	I	Z	E	O	M
O	E	B	M	Z	I
M	Z	O	I	E	B
Z	M	E	B	I	O
I	O	M	Z	B	E
E	B	I	O	M	Z

No. 63

2	3	6	5	4	1
4	1	2	3	5	6
5	6	1	4	2	3
1	4	5	6	3	2
3	2	4	1	6	5
6	5	3	2	1	4

No. 64

No. 65

1	3	5	2	4	6
4	5	1	6	3	2
6	2	3	4	1	5
3	4	2	5	6	1
2	6	4	1	5	3
5	1	6	3	2	4

No. 66

6	4	3	1	5	2
5	3	4	2	1	6
2	1	5	6	4	3
1	6	2	5	3	4
3	5	6	4	2	1
4	2	1	3	6	5

No. 67

4	6	3	5	1	2
2	5	4	1	3	6
1	3	6	2	5	4
5	2	1	6	4	3
6	4	5	3	2	1
3	1	2	4	6	5

No. 68

B	L	N	O	I	G
G	N	L	I	O	B
I	O	B	G	N	L
N	G	O	B	L	I
L	I	G	N	B	O
O	B	I	L	G	N

Solutions

No. 69

7	6	4	5	2	1	8	3	9
2	5	8	9	6	3	1	7	4
1	3	9	4	7	8	6	2	5
9	1	6	3	8	7	5	4	2
8	7	5	2	1	4	3	9	6
3	4	2	6	5	9	7	1	8
5	8	7	1	9	2	4	6	3
6	9	3	7	4	5	2	8	1
4	2	1	8	3	6	9	5	7

No. 70

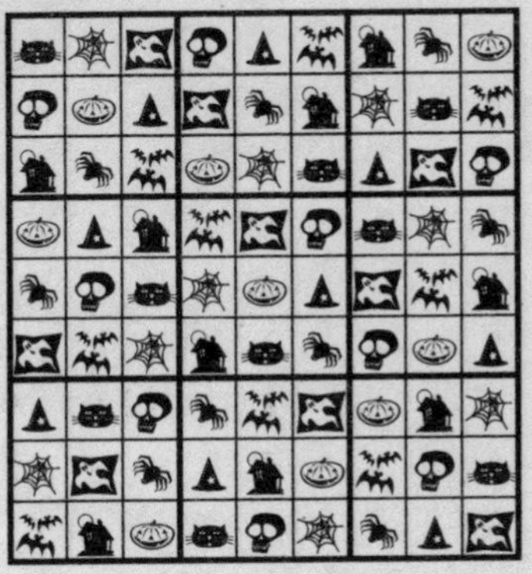

No. 71

6	2	5	8	1	9	4	3	7
7	1	9	4	3	5	6	2	8
4	3	8	6	7	2	9	5	1
5	8	3	1	9	4	7	6	2
2	6	7	5	8	3	1	4	9
9	4	1	2	6	7	3	8	5
3	5	4	7	2	1	8	9	6
8	7	2	9	4	6	5	1	3
1	9	6	3	5	8	2	7	4

No. 72

7	8	6	3	2	5	1	4	9
1	9	3	4	8	7	5	6	2
2	5	4	9	1	6	8	3	7
8	4	1	5	9	3	7	2	6
9	7	2	1	6	4	3	5	8
6	3	5	2	7	8	4	9	1
3	1	7	6	5	9	2	8	4
5	2	9	8	4	1	6	7	3
4	6	8	7	3	2	9	1	5

No. 73

4	1	3	7	9	6	8	2	5
2	6	7	1	8	5	4	9	3
8	5	9	2	4	3	7	1	6
7	4	5	6	3	9	2	8	1
1	3	8	5	2	4	6	7	9
6	9	2	8	1	7	5	3	4
5	2	4	9	7	1	3	6	8
3	8	1	4	6	2	9	5	7
9	7	6	3	5	8	1	4	2

No. 74

5	2	1	4	3	6	7	9	8
4	8	3	2	9	7	1	5	6
9	6	7	8	1	5	4	3	2
2	3	9	5	4	8	6	7	1
7	1	4	3	6	2	9	8	5
8	5	6	1	7	9	3	2	4
6	9	2	7	8	1	5	4	3
1	4	5	9	2	3	8	6	7
3	7	8	6	5	4	2	1	9

Solutions

No. 75

7	5	1	9	3	2	4	8	6
8	9	4	5	1	6	7	3	2
3	6	2	4	8	7	5	1	9
4	1	9	6	5	3	8	2	7
2	8	5	1	7	4	6	9	3
6	3	7	2	9	8	1	4	5
9	2	6	7	4	1	3	5	8
1	7	3	8	2	5	9	6	4
5	4	8	3	6	9	2	7	1

No. 76

8	3	1	7	9	2	4	5	6
7	4	9	6	3	5	2	8	1
2	5	6	8	4	1	7	3	9
3	1	2	5	8	6	9	7	4
9	8	4	1	7	3	5	6	2
5	6	7	9	2	4	8	1	3
4	7	8	3	6	9	1	2	5
1	2	3	4	5	7	6	9	8
6	9	5	2	1	8	3	4	7

No. 77

3	6	4	7	8	2	1	9	5
5	7	1	6	9	4	8	2	3
8	2	9	1	3	5	7	6	4
1	4	2	8	5	9	3	7	6
7	8	3	2	1	6	5	4	9
6	9	5	3	4	7	2	1	8
4	5	8	9	2	1	6	3	7
2	3	6	4	7	8	9	5	1
9	1	7	5	6	3	4	8	2

No. 78

4	9	3	1	2	7	8	6	5
6	7	2	3	5	8	9	4	1
8	5	1	9	6	4	3	7	2
5	1	7	4	9	2	6	3	8
9	8	4	5	3	6	1	2	7
2	3	6	7	8	1	4	5	9
3	2	8	6	7	9	5	1	4
1	6	9	2	4	5	7	8	3
7	4	5	8	1	3	2	9	6

No. 79

8	1	7	4	5	9	3	2	6
6	3	4	7	1	2	5	8	9
5	9	2	8	3	6	7	4	1
4	8	6	5	2	7	1	9	3
3	5	9	6	4	1	8	7	2
7	2	1	3	9	8	4	6	5
2	6	3	1	7	4	9	5	8
9	7	5	2	8	3	6	1	4
1	4	8	9	6	5	2	3	7

No. 80

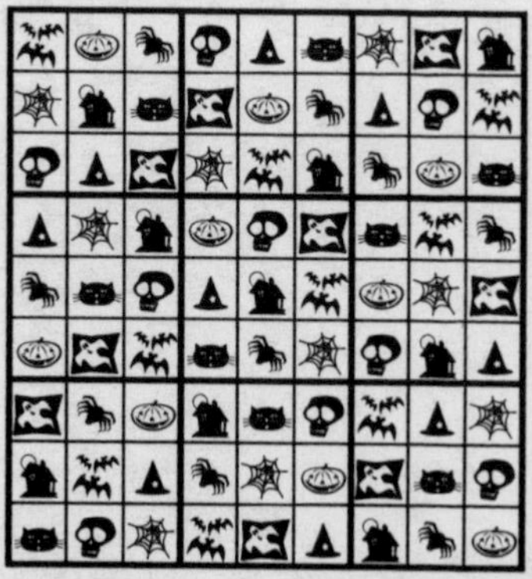

Solutions

No. 81

1	4	6	2	7	5	8	9	3
2	8	3	9	4	6	7	1	5
9	5	7	8	3	1	6	2	4
5	2	1	7	6	4	3	8	9
7	6	8	3	1	9	4	5	2
3	9	4	5	8	2	1	7	6
6	3	2	1	5	8	9	4	7
8	7	5	4	9	3	2	6	1
4	1	9	6	2	7	5	3	8

No. 82

1	6	3	2	8	5	4	7	9
5	8	9	7	4	3	1	6	2
7	4	2	9	1	6	5	8	3
2	3	5	8	6	1	9	4	7
6	7	8	4	3	9	2	1	5
9	1	4	5	7	2	6	3	8
8	5	7	1	9	4	3	2	6
4	2	6	3	5	7	8	9	1
3	9	1	6	2	8	7	5	4

No. 83

8	5	6	2	7	3	4	1	9
7	3	9	5	4	1	8	2	6
4	2	1	9	8	6	5	7	3
3	8	7	1	5	9	6	4	2
6	9	2	4	3	8	1	5	7
5	1	4	6	2	7	9	3	8
9	7	3	8	1	5	2	6	4
2	6	5	7	9	4	3	8	1
1	4	8	3	6	2	7	9	5

No. 84

C	R	T	F	K	P	O	I	H
I	P	H	R	O	T	C	F	K
K	F	O	I	C	H	R	P	T
O	H	R	T	P	I	K	C	F
F	I	C	K	R	O	T	H	P
P	T	K	C	H	F	I	R	O
R	C	P	H	T	K	F	O	I
T	O	I	P	F	R	H	K	C
H	K	F	O	I	C	P	T	R

No. 85

7	1	9	4	2	3	8	5	6
4	6	3	7	5	8	9	2	1
2	8	5	9	6	1	4	7	3
8	3	7	5	9	6	2	1	4
1	2	6	3	7	4	5	9	8
5	9	4	1	8	2	6	3	7
3	4	8	2	1	9	7	6	5
9	5	1	6	4	7	3	8	2
6	7	2	8	3	5	1	4	9

No. 86

4	7	2	5	8	9	3	1	6
8	3	9	4	1	6	2	7	5
1	5	6	2	7	3	4	9	8
3	1	5	9	6	8	7	2	4
2	6	8	1	4	7	9	5	3
7	9	4	3	5	2	8	6	1
9	4	3	6	2	1	5	8	7
6	2	7	8	3	5	1	4	9
5	8	1	7	9	4	6	3	2

Solutions

No. 87

1	2	7	5	6	8	9	3	4
9	4	6	3	7	2	5	1	8
3	5	8	1	9	4	2	7	6
8	7	9	2	3	5	4	6	1
2	6	5	7	4	1	3	8	9
4	3	1	9	8	6	7	5	2
7	1	3	8	2	9	6	4	5
5	9	4	6	1	7	8	2	3
6	8	2	4	5	3	1	9	7

No. 88

4	6	3	7	2	5	1	9	8
1	2	7	9	3	8	4	6	5
5	8	9	6	4	1	2	3	7
3	5	4	1	7	6	8	2	9
9	7	8	3	5	2	6	4	1
6	1	2	4	8	9	7	5	3
2	9	6	5	1	7	3	8	4
7	4	5	8	6	3	9	1	2
8	3	1	2	9	4	5	7	6

No. 89

3	5	4	6	1	2	8	7	9
1	6	7	9	8	3	2	5	4
8	9	2	5	7	4	3	6	1
2	7	3	1	9	8	6	4	5
6	4	1	3	2	5	9	8	7
5	8	9	4	6	7	1	3	2
7	1	5	8	3	9	4	2	6
9	2	8	7	4	6	5	1	3
4	3	6	2	5	1	7	9	8

No. 90

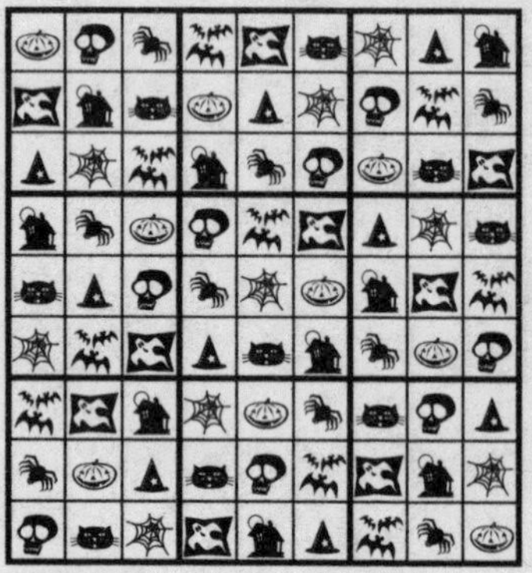

No. 91

1	4	3	6	8	7	9	5	2
8	5	2	1	9	3	6	7	4
7	6	9	5	4	2	8	1	3
3	7	5	4	2	9	1	6	8
4	2	1	8	6	5	7	3	9
6	9	8	7	3	1	4	2	5
5	8	4	3	1	6	2	9	7
9	3	6	2	7	4	5	8	1
2	1	7	9	5	8	3	4	6

No. 92

3	4	8	5	1	6	7	9	2
7	2	5	9	8	3	4	1	6
9	1	6	4	2	7	3	8	5
2	7	9	8	6	4	5	3	1
4	5	1	2	3	9	8	6	7
8	6	3	7	5	1	2	4	9
6	8	7	3	9	2	1	5	4
1	3	4	6	7	5	9	2	8
5	9	2	1	4	8	6	7	3

Solutions

No. 93

5	1	3	2	7	4	9	8	6
6	7	2	3	9	8	5	4	1
4	8	9	1	6	5	7	3	2
7	2	5	4	8	1	3	6	9
3	9	1	7	5	6	4	2	8
8	4	6	9	2	3	1	5	7
1	6	7	5	4	2	8	9	3
2	3	4	8	1	9	6	7	5
9	5	8	6	3	7	2	1	4

No. 94

4	1	8	7	3	6	2	5	9
5	7	2	9	4	1	6	3	8
3	9	6	5	8	2	1	4	7
9	8	4	2	6	3	5	7	1
7	3	1	8	5	4	9	2	6
2	6	5	1	9	7	3	8	4
6	2	9	3	7	8	4	1	5
8	5	3	4	1	9	7	6	2
1	4	7	6	2	5	8	9	3

No. 95

E	H	F	N	T	I	G	R	S
I	S	T	G	F	R	H	E	N
G	N	R	S	H	E	I	F	T
N	E	S	H	R	F	T	I	G
F	I	G	T	E	S	N	H	R
T	R	H	I	N	G	E	S	F
S	T	N	R	I	H	F	G	E
R	F	I	E	G	N	S	T	H
H	G	E	F	S	T	R	N	I

No. 96

4	3	2	8	9	6	5	7	1
9	5	7	1	2	4	6	8	3
8	6	1	7	5	3	9	2	4
5	2	8	3	7	1	4	9	6
7	9	3	4	6	2	1	5	8
1	4	6	5	8	9	2	3	7
2	7	4	9	1	8	3	6	5
3	8	9	6	4	5	7	1	2
6	1	5	2	3	7	8	4	9

No. 97

1	4	3	6	9	2	8	5	7
8	7	2	5	4	3	9	6	1
6	9	5	8	1	7	3	4	2
4	5	1	2	3	8	6	7	9
3	2	6	9	7	1	4	8	5
9	8	7	4	6	5	2	1	3
5	3	4	7	2	6	1	9	8
7	1	9	3	8	4	5	2	6
2	6	8	1	5	9	7	3	4

No. 98

9	3	8	1	4	5	6	7	2
4	7	6	2	3	8	5	1	9
1	2	5	9	7	6	4	8	3
8	5	3	4	6	1	2	9	7
7	6	1	5	9	2	3	4	8
2	9	4	3	8	7	1	5	6
6	1	2	7	5	9	8	3	4
3	8	9	6	1	4	7	2	5
5	4	7	8	2	3	9	6	1

Solutions

No. 99

1	6	7	5	3	4	8	2	9
5	8	4	2	6	9	1	7	3
2	9	3	8	1	7	6	4	5
4	7	6	9	8	3	5	1	2
9	3	2	1	4	5	7	6	8
8	1	5	7	2	6	9	3	4
6	5	1	3	9	2	4	8	7
7	2	8	4	5	1	3	9	6
3	4	9	6	7	8	2	5	1

No. 100

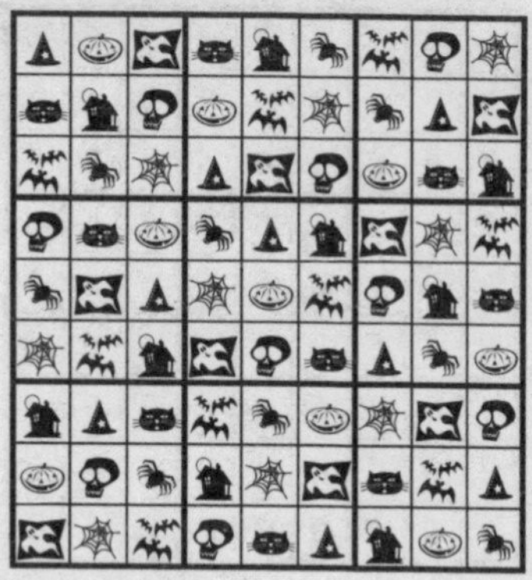

No. 101

3	4	6	7	1	5	8	2	9
5	1	8	4	2	9	7	6	3
2	7	9	6	3	8	5	1	4
8	5	2	9	6	3	4	7	1
7	9	1	5	8	4	6	3	2
4	6	3	2	7	1	9	8	5
1	2	4	8	9	6	3	5	7
6	3	5	1	4	7	2	9	8
9	8	7	3	5	2	1	4	6

No. 102

2	4	1	6	8	5	9	7	3
5	9	8	2	7	3	1	6	4
7	3	6	1	4	9	8	5	2
9	5	4	8	6	7	3	2	1
3	6	2	4	5	1	7	8	9
8	1	7	9	3	2	5	4	6
4	8	3	7	1	6	2	9	5
1	7	9	5	2	4	6	3	8
6	2	5	3	9	8	4	1	7

No. 103

8	6	5	7	3	2	4	9	1
2	1	9	8	4	5	7	3	6
7	4	3	1	6	9	8	5	2
9	5	2	6	8	7	3	1	4
6	3	7	4	9	1	2	8	5
4	8	1	5	2	3	6	7	9
1	7	8	2	5	4	9	6	3
5	9	4	3	7	6	1	2	8
3	2	6	9	1	8	5	4	7

No. 104

7	5	6	1	2	4	9	8	3
8	2	4	9	6	3	5	7	1
1	9	3	5	8	7	2	6	4
6	7	2	4	3	8	1	9	5
9	3	1	7	5	6	4	2	8
5	4	8	2	1	9	7	3	6
2	8	5	6	9	1	3	4	7
3	1	7	8	4	2	6	5	9
4	6	9	3	7	5	8	1	2

Solutions

No. 105

2	5	8	6	4	7	3	9	1
3	7	4	8	9	1	2	6	5
9	1	6	5	3	2	7	8	4
6	8	7	4	2	3	1	5	9
5	3	1	9	7	6	4	2	8
4	9	2	1	8	5	6	3	7
1	2	3	7	5	8	9	4	6
7	4	5	3	6	9	8	1	2
8	6	9	2	1	4	5	7	3

No. 106

D	W	O	B	L	Y	N	C	A
A	B	C	W	N	D	O	L	Y
Y	N	L	A	C	O	B	D	W
L	O	B	D	Y	A	W	N	C
C	Y	N	O	W	L	D	A	B
W	D	A	C	B	N	Y	O	L
O	A	W	L	D	B	C	Y	N
B	L	Y	N	O	C	A	W	D
N	C	D	Y	A	W	L	B	O

No. 107

3	6	9	1	4	2	7	8	5
5	4	1	7	3	8	9	2	6
2	7	8	5	6	9	1	3	4
1	5	4	3	2	6	8	7	9
7	9	2	4	8	5	6	1	3
8	3	6	9	1	7	4	5	2
6	1	3	2	7	4	5	9	8
9	8	7	6	5	3	2	4	1
4	2	5	8	9	1	3	6	7

No. 108

7	6	9	2	4	3	8	1	5
5	2	3	9	1	8	4	6	7
4	8	1	5	6	7	2	9	3
9	4	5	7	3	2	6	8	1
1	7	8	4	5	6	9	3	2
2	3	6	1	8	9	5	7	4
6	1	4	8	7	5	3	2	9
8	9	7	3	2	4	1	5	6
3	5	2	6	9	1	7	4	8

No. 109

2	8	6	5	9	1	7	3	4
9	1	3	7	4	2	5	8	6
7	4	5	6	8	3	1	2	9
6	5	7	8	3	4	9	1	2
4	9	1	2	5	6	8	7	3
8	3	2	9	1	7	4	6	5
1	2	8	4	6	9	3	5	7
5	7	4	3	2	8	6	9	1
3	6	9	1	7	5	2	4	8

No. 110

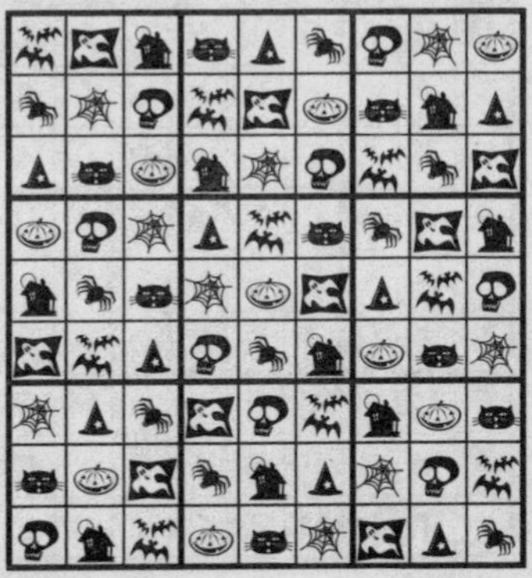

Solutions

No. 111

6	5	1	7	2	8	4	9	3
2	7	4	3	5	9	1	8	6
8	9	3	1	4	6	2	7	5
4	8	9	5	1	2	6	3	7
1	3	5	9	6	7	8	2	4
7	6	2	8	3	4	9	5	1
9	4	8	6	7	5	3	1	2
5	1	6	2	8	3	7	4	9
3	2	7	4	9	1	5	6	8

No. 112

4	6	2	7	8	5	9	3	1
5	9	3	4	6	1	2	8	7
8	1	7	9	2	3	5	4	6
2	8	1	6	4	9	7	5	3
6	4	5	3	1	7	8	2	9
3	7	9	8	5	2	1	6	4
7	2	8	1	3	6	4	9	5
1	5	6	2	9	4	3	7	8
9	3	4	5	7	8	6	1	2

No. 113

6	9	4	2	8	1	5	7	3
3	7	8	4	9	5	6	1	2
5	2	1	6	3	7	8	9	4
7	3	5	8	2	6	9	4	1
4	6	2	9	1	3	7	5	8
1	8	9	5	7	4	3	2	6
2	5	3	1	6	9	4	8	7
8	4	7	3	5	2	1	6	9
9	1	6	7	4	8	2	3	5

No. 114

6	8	9	3	2	5	4	7	1
4	1	5	6	7	8	9	3	2
7	3	2	4	1	9	8	6	5
1	5	3	2	8	6	7	9	4
8	4	6	7	9	1	5	2	3
2	9	7	5	4	3	6	1	8
5	7	8	1	6	2	3	4	9
9	2	4	8	3	7	1	5	6
3	6	1	9	5	4	2	8	7

No. 115

M	R	A	E	I	S	Y	C	T
I	Y	T	A	C	R	M	E	S
E	S	C	T	M	Y	R	I	A
R	I	S	C	Y	A	E	T	M
T	A	Y	S	E	M	C	R	I
C	E	M	I	R	T	S	A	Y
S	C	I	Y	T	E	A	M	R
A	M	E	R	S	I	T	Y	C
Y	T	R	M	A	C	I	S	E

No. 116

1	5	2	8	9	3	6	4	7
6	9	4	5	7	2	3	8	1
3	8	7	4	1	6	9	2	5
8	2	6	9	3	1	7	5	4
4	3	9	7	5	8	1	6	2
7	1	5	2	6	4	8	3	9
5	6	1	3	2	9	4	7	8
2	4	3	1	8	7	5	9	6
9	7	8	6	4	5	2	1	3

Solutions

No. 117

5	3	1	4	8	7	6	9	2
4	2	8	6	3	9	1	7	5
9	7	6	2	5	1	3	4	8
3	9	7	5	4	6	8	2	1
8	6	4	7	1	2	9	5	3
2	1	5	3	9	8	4	6	7
1	8	2	9	6	5	7	3	4
6	5	3	1	7	4	2	8	9
7	4	9	8	2	3	5	1	6

No. 118

7	8	1	4	3	2	6	5	9
2	5	9	6	8	1	7	4	3
6	4	3	9	5	7	2	1	8
9	6	7	3	4	5	1	8	2
5	1	4	2	6	8	9	3	7
8	3	2	7	1	9	5	6	4
3	2	6	5	7	4	8	9	1
4	7	8	1	9	6	3	2	5
1	9	5	8	2	3	4	7	6

No. 119

4	9	1	3	2	5	8	6	7
3	8	5	7	6	1	9	4	2
7	6	2	4	9	8	1	5	3
9	3	4	5	7	2	6	1	8
5	7	6	8	1	3	4	2	9
2	1	8	6	4	9	7	3	5
1	4	9	2	5	7	3	8	6
8	5	7	1	3	6	2	9	4
6	2	3	9	8	4	5	7	1

No. 120

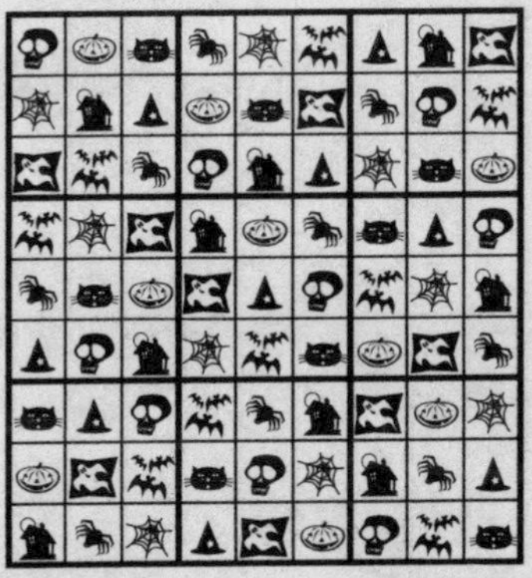

No. 121

8	3	9	4	7	2	6	5	1
2	5	1	6	9	8	7	3	4
6	4	7	1	5	3	2	8	9
7	6	4	8	1	9	5	2	3
5	1	3	7	2	4	8	9	6
9	2	8	3	6	5	4	1	7
1	9	6	2	8	7	3	4	5
3	7	2	5	4	1	9	6	8
4	8	5	9	3	6	1	7	2

No. 122

7	8	6	3	2	9	5	1	4
2	1	9	5	4	6	7	8	3
4	5	3	7	8	1	2	9	6
5	3	4	9	7	2	1	6	8
1	7	8	4	6	5	3	2	9
9	6	2	1	3	8	4	7	5
3	2	7	6	9	4	8	5	1
8	9	5	2	1	3	6	4	7
6	4	1	8	5	7	9	3	2

Solutions

No. 123

8	4	6	7	5	9	2	3	1
9	1	3	2	4	8	7	5	6
2	7	5	1	6	3	4	9	8
7	9	4	5	1	6	3	8	2
1	5	2	8	3	4	9	6	7
3	6	8	9	7	2	1	4	5
6	8	1	4	9	7	5	2	3
4	2	7	3	8	5	6	1	9
5	3	9	6	2	1	8	7	4

No. 124

7	4	2	8	3	5	9	6	1
3	9	5	4	6	1	2	7	8
6	8	1	7	9	2	5	3	4
8	1	7	2	5	3	6	4	9
2	5	4	9	7	6	1	8	3
9	6	3	1	4	8	7	2	5
1	7	6	3	8	9	4	5	2
5	2	8	6	1	4	3	9	7
4	3	9	5	2	7	8	1	6

No. 125

8	5	9	7	6	2	1	4	3
4	7	1	3	9	5	6	8	2
6	2	3	8	1	4	7	9	5
2	6	4	5	8	1	3	7	9
1	3	8	9	2	7	4	5	6
7	9	5	6	4	3	2	1	8
9	8	7	1	3	6	5	2	4
5	4	6	2	7	9	8	3	1
3	1	2	4	5	8	9	6	7

No. 126

4	5	6	8	2	1	3	7	9
2	8	7	3	6	9	4	1	5
1	9	3	5	7	4	2	8	6
6	7	8	1	5	2	9	4	3
9	2	5	4	3	8	7	6	1
3	4	1	6	9	7	5	2	8
8	6	9	2	4	5	1	3	7
5	3	2	7	1	6	8	9	4
7	1	4	9	8	3	6	5	2

No. 127

C	A	E	G	R	M	I	W	B
R	M	I	B	W	A	C	G	E
G	W	B	C	E	I	R	M	A
B	R	G	E	A	W	M	C	I
A	I	C	M	B	R	G	E	W
M	E	W	I	C	G	A	B	R
E	G	M	R	I	B	W	A	C
I	B	A	W	G	C	E	R	M
W	C	R	A	M	E	B	I	G

No. 128

2	4	1	9	6	8	7	3	5
6	7	5	3	1	4	2	9	8
3	9	8	7	2	5	1	4	6
5	6	9	8	7	2	3	1	4
4	2	7	5	3	1	8	6	9
1	8	3	4	9	6	5	2	7
9	1	4	2	5	7	6	8	3
8	5	6	1	4	3	9	7	2
7	3	2	6	8	9	4	5	1

Solutions

No. 129

6	3	4	8	9	7	2	5	1
1	2	5	3	4	6	8	7	9
7	8	9	5	2	1	6	4	3
5	1	6	9	3	4	7	8	2
4	7	2	1	5	8	9	3	6
3	9	8	6	7	2	4	1	5
9	5	7	2	8	3	1	6	4
2	4	1	7	6	5	3	9	8
8	6	3	4	1	9	5	2	7

No. 130

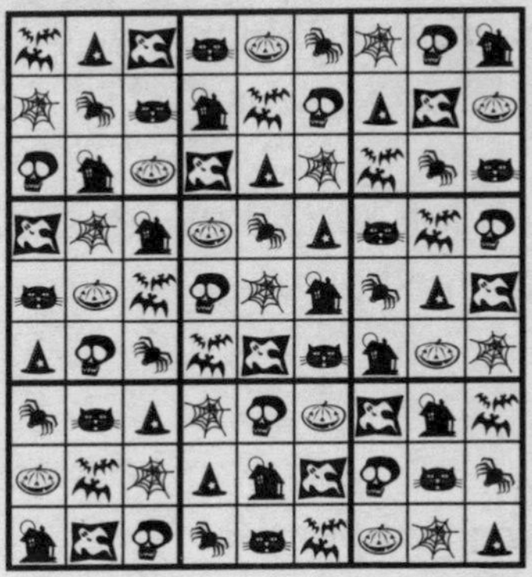

No. 131

1	4	3	2	8	6	5	9	7
8	5	2	9	3	7	6	1	4
7	6	9	4	5	1	8	2	3
9	2	5	3	6	4	7	8	1
4	3	1	7	9	8	2	5	6
6	8	7	5	1	2	4	3	9
2	1	6	8	7	9	3	4	5
3	9	4	6	2	5	1	7	8
5	7	8	1	4	3	9	6	2

No. 132

8	5	6	4	1	9	2	3	7
7	4	2	6	3	8	1	9	5
9	3	1	2	7	5	8	6	4
5	7	8	9	2	4	3	1	6
3	2	4	7	6	1	5	8	9
6	1	9	5	8	3	7	4	2
2	9	3	1	5	6	4	7	8
4	8	7	3	9	2	6	5	1
1	6	5	8	4	7	9	2	3

No. 133

7	3	2	5	8	9	6	4	1
8	9	6	1	4	3	2	5	7
4	5	1	7	2	6	9	3	8
2	4	8	6	7	5	1	9	3
5	7	9	3	1	2	8	6	4
1	6	3	4	9	8	7	2	5
6	8	5	9	3	7	4	1	2
9	2	4	8	5	1	3	7	6
3	1	7	2	6	4	5	8	9

No. 134

3	2	4	5	1	8	9	7	6
9	8	7	2	6	3	1	5	4
6	1	5	9	7	4	8	3	2
2	9	3	7	4	6	5	1	8
4	5	1	3	8	9	2	6	7
8	7	6	1	5	2	3	4	9
5	3	2	4	9	7	6	8	1
7	6	9	8	3	1	4	2	5
1	4	8	6	2	5	7	9	3

The Junior Su Doku Series from Newmarket Press

Junior Su Doku, with over 120 puzzles using numbers, words, and shapes.
112 pp • $5\frac{3}{16}$″ x $8\frac{1}{4}$″ • 1-55704-706-5 • $4.95

Junior Su Doku Halloween, with over 130 Halloween-themed puzzles.
128 pp • $5\frac{3}{16}$″ x $8\frac{1}{4}$″ • 1-55704-730-8 • $4.95

Junior Su Doku Christmas, with over 140 Christmas-themed puzzles.
128 pp • $5\frac{3}{16}$″ x $8\frac{1}{4}$″ • 1-55704-707-3 • $4.95

Junior Su Doku Valentine's Day, with over 130 Valentine's Day–themed puzzles.
128 pp • $5\frac{3}{16}$″ x $8\frac{1}{4}$″ • 1-55704-713-8 • $4.95

Junior Su Doku Easter, with over 130 Easter-themed puzzles.
128 pp • $5\frac{3}{16}$″ x $8\frac{1}{4}$″ • 1-55704-715-4 • $4.95

Kidoku, with over 200 puzzles, including Su Doku, Kakuro, Spidoku, Logi-Place, and Patchwork puzzles.
224 pp • $5\frac{3}{16}$″ x $8\frac{1}{4}$″ • 1-55704-720-0 • $6.95